# しゃべらなくても楽しい！シニアの
# 運動不足解消＆
# ストレス発散体操
# 50

斎藤道雄 著

黎明書房

# はじめに

## ふつうの体操の本ではありません

この本は，ふつうの体操の本ではありません。
**介護の現場で，支援者とシニアが，いっしょに楽しんで体操をする本です。**

詳しく説明します。

① この本は，デイサービスや特別養護老人ホームや介護現場で，
② 新型コロナによる外出自粛や，三密（密閉，密集，密接）を避ける
   必要から，
③ 運動不足に陥りやすいシニアと，その支援者が，
④ しゃべらなくても楽しんでできる，体操の本です。
⑤ シニアおひとりさまの**健康づくりにもおススメします。**

「認知症が進行した人が増えました」
「転倒する人が増えました」
「些細なトラブルが増えました」

ある介護施設の現場スタッフの話です。

新型コロナ感染拡大で，レクリエーション活動の中止，外出や面会の中止，
または自粛になりました。
心身機能の低下は無理もない話です。

そこで，つくったのがこの本です。

体を動かせば，**ストレスの発散が出来ます！**
気分がスッキリすれば，**イライラもなくなります！**
刺激と変化があれば，**認知症の予防になります！**

さらに，要介護シニアにもかんたんにできるように，**すべての体操がイス
に座ったままできます。**

　しかも，いつでもどこでもすぐにできるように，**準備や道具は一切不要です。**
　そしてなんと，感染リスクを減らすために，黙って静かに体操します。**言
葉での説明はありません！**

　**それなのに，楽しく体操できるんです！**

　驚くべき効果はつぎのとおりです。

　・シニアの集中力がアップします。
　・シニアの満足度が向上します。
　・支援者の表現力がアップします。
　・支援者のレクスキルがアップします。
　・シニアと支援者に一体感が生まれます。
　・体操がより楽しくなります。

　**この本で，ぜひ，運動不足の解消，ストレス発散をしてください。**
　そして，しゃべらなくても楽しい体操の効果を実感してください。

　巻末に，しゃべらない体操シリーズのご案内があります。
　おもしろくてためになるコラムも，ぜひ読んでください。

# この本の 10 の特長

**1　介護現場のレクリエーション活動に使える**
デイサービスや高齢者施設での，レクや体操の時間に役立ちます！

**2　シニアの健康づくりに使える**
シニアおひとりさまの健康づくりにもおススメです！

**3　声を出さずにできる**
体操の説明不要。言葉でなく，身振り手振りだけで説明します。

**4　座ったままできる**
全ての体操がイスに腰掛けたままでできます。

**5　かんたんな動作だけでできる**
要介護シニアにもできるように，立ち上がったり，寝転がったりするような動作はありません。

**6　準備なしでできる**
道具，準備一切不要です。支援者のレクの負担が軽くなります。

**7　とてもわかりやすい**
体操の「すすめかた」は①②③のみ。説明文も簡潔でわかりやすい文章です。

**8　絵だけでわかる**
絵を見ただけで，体操がすぐにイメージできます。

**9　読者がスキルアップできる**
支援者の方のレクリエーションスキルが，ぐんぐんアップします。

**10　現役のプロインストラクターの書いた本**
実際に現場で活躍するプロインストラクター「みちお先生」のワザが満載。

# この本の使い方

① 1日1回，おススメの体操をしましょう！

↓

② この本の中から，お好みの体操を選びましょう！

↓

③ おススメの体操と，お気に入りの体操を自由に入れ替えましょう！

| おススメの体操 | ② おなか伸ばし →10ページ | 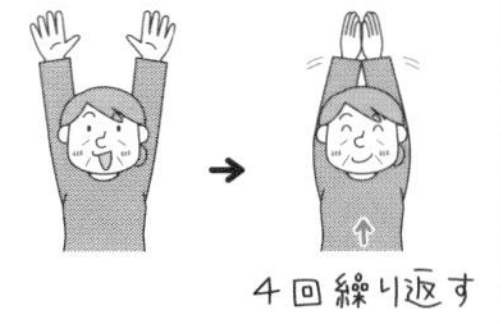 4回繰り返す |
| :--- | :--- | :--- |
| | ㉗ 遠くに押し出して →36ページ |  左右交互に2回ずつ |
| | �35 胸張って横向いて →45ページ | 左右交互に2回ずつ |
| | ㊷ 肩腕ダラ～ん →57ページ | 4回繰り返す |

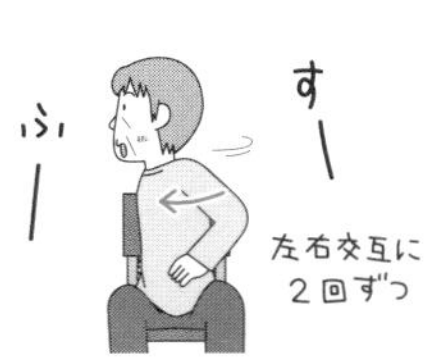

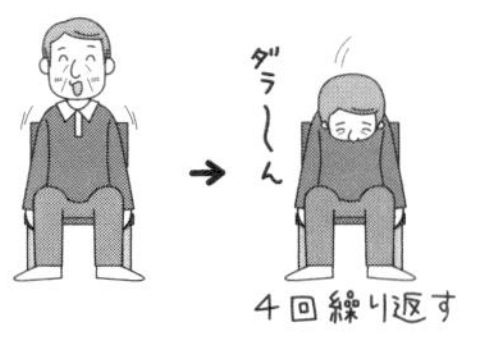

# も く じ

## I ストレッチ (ウォームアップ)

## Ⅱ　筋トレ（運動不足解消）

## Ⅲ　リフレッシュ（ストレス発散）

## Ⅳ リラックス（クールダウン）

# ① いただきますのポーズ

**合掌して，背筋を伸ばしたまま上体を前に倒しましょう！**

**ねらいとききめ**  　姿勢保持　　こ かんせつ
股関節の柔軟性維持

**すすめかた**

① 足を肩幅にひらいて，背筋をピンと伸ばします。

② 胸の前で合掌して，足のつけ根（股関節）から上体を前に倒します。

③ 元に戻します。一休みしながら，4回繰り返します。

４回繰り返す

**みちお先生のワンポイント！**

・②のときに，背中が丸まらないように。おへそを下に向ける意識を持ちましょう。

# ② おなか伸ばし

**両腕を上に伸ばして，おなかを伸ばしましょう！**

**ねらいとききめ**  （腹筋のストレッチ）（姿勢保持）

**すすめかた**

① 両腕を上に伸ばします。
② 合掌して，おなかを伸ばします。
③ ４回繰り返します。休み休みどうぞ！

４回繰り返す

**みちお先生のワンポイント！**

・両腕を上に伸ばすのがむずかしいときは，両手を腰に置いてもオッケーです。

# ❸ スゴ指ストレッチ①

**きつねの手で，人差し指と小指をピンと伸ばしましょう！**

**ねらいとききめ**　〔 手先の器用さ維持 〕〔 指先の力強化 〕

**すすめかた**

① 　胸の前に片手を出し，手のひらを前にします。

② 　親指と中指と薬指をくっつけて，人差し指と小指を伸ばします。

③ 　左右交互に２回ずつします。

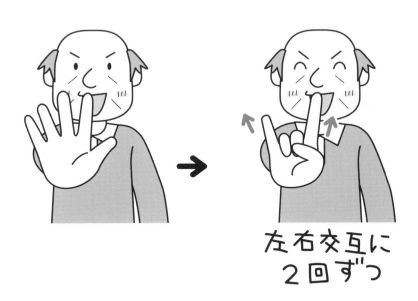

左右交互に
２回ずつ

**みちお先生のワンポイント！**

・②のときに，できる限り人差し指と小指をまっすぐに伸ばしましょう！

11

# ④ スゴ指ストレッチ②

**手を軽く握って，中指と薬指を伸ばしましょう！**

**ねらいとききめ**  ( 指先の力強化 )  ( 手の器用さ維持 )

**すすめかた**

①　胸の前に片手を出し，手のひらを前にします。
②　親指と人差し指と小指をくっつけて，中指と薬指を伸ばします。
③　左右交互に２回ずつします。

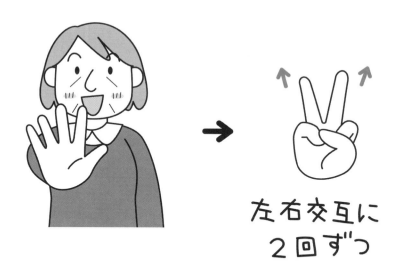

左右交互に
２回ずつ

**みちお先生のワンポイント！**

・多少指が曲がっても気にせずに，伸ばす意識を忘れずに！

# ⑤　スゴ腕ストレッチ①

**腕をネジリながら横に伸ばしましょう！**

**ねらいとききめ**　（肩の柔軟性維持）（腕の血行促進）

**すすめかた**

① 　片腕を横に伸ばして，手のひらを下にします。

② 　全部の指をひらいて，手のひらを上にします。

③ 　左右交互に２回ずつします。一休みしながら，どうぞ！

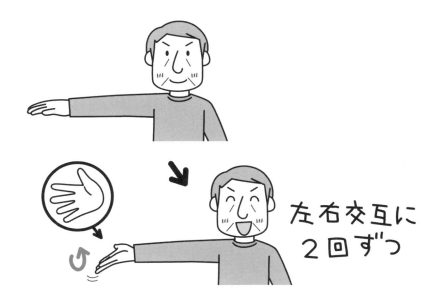

左右交互に
２回ずつ

**みちお先生のワンポイント！**

・あまり無理をせずに，できる範囲でしましょう！

# ⑥ スゴ腕ストレッチ②

**腕を前に伸ばして，手のひらを外に向けましょう！**

**ねらい**と**ききめ**　（肩の柔軟性維持）（腕の血行促進）

**すすめかた**

① 右腕を前に伸ばして，手のひらを下にします。
② 全部の指をひらいて，親指を下にして手のひらを外側に向けます。
③ 左右交互に４回ずつします。一休みしながら，どうぞ！

左右交互に
４回ずつ

**みちお先生のワンポイント！**

・①のときに，なるべく手を遠くへ伸ばす意識を持ちましょう！

# ⑦　胸伸ばし①

**両手を後ろで組んで，胸を張りましょう！**

**ねらいとききめ**　胸のストレッチ　血行促進

## すすめかた

①　両手を後ろで組んで，両腕を伸ばします。

②　胸を張って，ゆるめます。

③　一休みしながら，４回繰り返します。

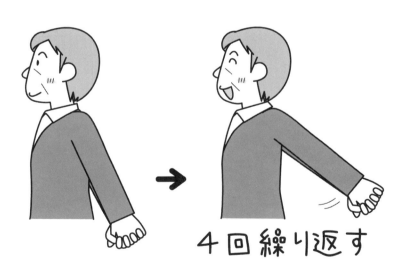

→　４回繰り返す

**みちお先生のワンポイント！**

・②のときに，胸を上に持ち上げるように意識しましょう！

15

# ⑧ 胸伸ばし②

**両ひじを後ろに引いて，胸を張りましょう！**

**ねらい**と**ききめ** 　胸のストレッチ　血行促進

**すすめかた**

① 両手をグーにして，ひじを後ろに引きます。
② 胸を張って，深呼吸をします。
③ 力をゆるめます。4回繰り返します。

す　　ふ

4回
繰り返す

**みちお先生のワンポイント！**

・支援者は，気持ちのよさそうな顔でしましょう！

# ⑨ ひじネジり

両腕を下に伸ばして，手のひらを外に向けるように腕をネジりましょう！

**ねらい**と**ききめ**　（肩の柔軟性維持）（腕の血行促進）

## すすめかた

① 両腕を下に伸ばして，リラックスします。
② （右手の）手のひらを，左にできるだけネジります。
③ 左右交互に2回ずつします。

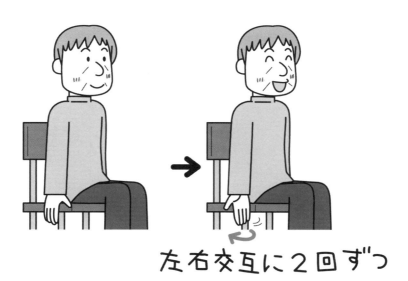

左右交互に2回ずつ

**みちお先生のワンポイント！**

・なるべく，腕が体から離れないようにしましょう！
・②で，左手の場合は，手のひらを右にできるだけネジります。

I ストレッチ（ウォームアップ）

# ⑩ 斜め 45 度の腕伸ばし

腕を斜め上に伸ばして，気持ちよく体側を伸ばしましょう！

**ねらいとききめ**　（体側のストレッチ）

**すすめかた**

① 　足を肩幅にひらいて，胸を張ります。
② 　体側が伸びるように，片腕を斜め 45 度上に伸ばします。
③ 　左右交互に 4 回繰り返します。

左右交互に 4 回ずつ

**みちお先生のワンポイント！**

・②のときに，背中が丸まらないようにしましょう！

# ⑪ 小指だけ曲がるかな

**全部の指を開いたままで，小指だけを曲げましょう！**

### ねらいとききめ　（手先の器用さ維持）

### すすめかた

① 片手を前に出して，できる限り全部の指をいっぱいにひらきます。

② ほかの4本の指は伸ばしたままで，小指を曲げます。

③ 左右交互に2回ずつします。

左右交互に
2回ずつ

### みちお先生のワンポイント！

・②のときに，とくに薬指を意識して伸ばしましょう！

# ⑫ またのぞき

足の間から後ろを見るつもりで，力を抜いて上体を前に倒しましょう！

**ねらい**と**ききめ** （柔軟性維持）（背中のストレッチ）

**すすめかた**

①　肩と首の力を抜いてリラックスします。

②　足を肩幅にひらいて，足の間をのぞきこむようにして上体を前に倒します。

③　ゆっくりと戻します。一休みして，もう一度どうぞ！

**みちお先生のワンポイント！**

・イスからの転倒に注意。ゆっくりとていねいに動作しましょう！

# ⑬ 足首伸ばし

## つまさきを伸ばして，足首をストレッチしましょう！

**ねらいとききめ**　足首の柔軟性維持

**すすめかた**

① かかとを床につけたまま，片足を前に出します。
② つまさきを下げて，足首を伸ばします。
③ 左右交互に４回ずつします。

左右交互に
４回ずつ

**みちお先生のワンポイント！**

・浅く腰掛けて，両手でイスを押さえてしましょう！

# ⑭ 指リング

親指と人差し指をくっつけて，ほかの指はまっすぐに伸ばしましょう！

**ねらいとききめ**　　（手先の器用さ維持）

**すすめかた**

① 両手をひざに置いて，手のひらを上にします。
② 親指と人差し指をくっつけて，ほかの指は伸ばします。
③ 指をゆるめます。一休みしながら，親指と中指，親指と薬指，親指と小指でもします。

他の指でもする

**みちお先生のワンポイント！**

・なるべく指を伸ばすように意識を集中しましょう！

# コラム①

## ボクの体操が楽しい理由

問題です。
シニアが，ボクの体操に参加する理由は何だと思いますか？

健康のため？
いいえ，違います。

**正解は，楽しいからです。**

シニアはどうしてボクの体操を楽しいと思うのでしょうか？

それは，ボクが，こう考えているからです。

**「体操は遊び」**

これが，もし，「体操は健康のため」ならどうか？

きっと体操が楽しくなくなります。

いくら健康にはよくても，楽しくなければ，誰もやりたいとは
思いません。

参加者は確実に減ります。

**体操は遊びだから，楽しいんです。**
それが運動になります。
だから健康によいのです。

# ⑮ 特大手形

両手をひざに置いて，指と指の間をいっぱいにひらきましょう！

**ねらい**と**ききめ**　（手指のストレッチ）（手先の器用さ維持）

**すすめかた**

① 足を肩幅にひらいて，両手をひざに置きます。
② 出来る限り全部の指をいっぱいにひらきます。
③ 手指の力をゆるめます。一休みしながら，４回繰り返します。

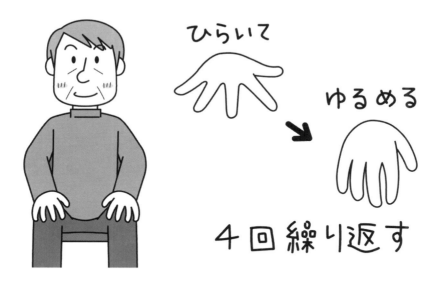

ひらいて
ゆるめる
４回繰り返す

**みちお先生のワンポイント！**

・②のときに，とくに親指と小指をひらきましょう！

# ⑯ 両手わしづかみ

両手の指をいっぱいにひらいて，全部の指をしっかり曲げましょう！

**ねらいとききめ** 〔 手先の器用さ維持 〕〔 指先の力強化 〕

**すすめかた**

① 両手をひざに置いて，全部の指をひらきます。
② ひざをわしづかみするように，全部の指先をグイっと曲げます。
③ 手指の力をゆるめます。一休みしながら，４回繰り返します。

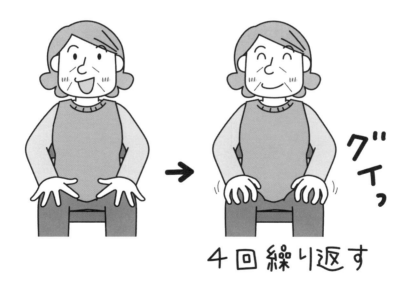

４回繰り返す

**みちお先生のワンポイント！**

・とくに，第一，第二関節を曲げるように意識しましょう！

# ⑰ おいでおいで

**手招きするように，手首を曲げ伸ばししましょう！**

**ねらいとききめ** 〔手首の柔軟性維持〕 〔手の血行促進〕

### すすめかた

① 片手を前に伸ばして，手のひらを下にします。
② 「おいで，おいで」をするように，手首を8回曲げます。
③ 左右交互に2セットずつします。

手首を8回
曲げる

左右交互に2セットずつ

### みちお先生のワンポイント！

・ゆっくりとていねいに動作しましょう！

# ⑱ カニさんのポーズ

胸を張って，両手の人差し指と中指をまっすぐに伸ばしましょう！

**ねらい**と**ききめ**　( 胸と指のストレッチ )　( 広背筋強化 )

**すすめかた**

① 足を肩幅より広くひらいて，胸を張ります。
② 両手をチョキにして，ひじを直角に曲げます。
③ ４回繰り返します。休み休みどうぞ！

４回
繰り返す

**みちお先生のワンポイント！**

・ひじと肩の高さが同じになるようにしましょう！

# ⑲ ぐるぐるドカン！

**両手をぐるぐるまわしたあとに，胸を張ってバンザイしましょう！**

**ねらいとききめ**  ( 手の器用さ維持 )  ( 肩の柔軟性維持 )

**すすめかた**

① 　糸巻をするように，胸の前で両腕を前から後ろへぐるぐるまわします。
② 　８回まわしたら，同様に反対も後ろから前へします。
③ 　最後に，胸を張って，バンザイをして終わります。

**みちお先生のワンポイント！**

・支援者は，元気に，明るく，笑顔でどうぞ！

28

# ㉑ サイレントな四股ふみ

**両足をひらいて，静か～に四股をふみましょう！**

**ねらいとききめ** （足腰強化）（バランス力アップ）

**すすめかた**

① 足を肩幅より広くひらいて，両手をひざに置きます。
② 片足を持ち上げて，足音を立てないように，静かにそうっと下ろします。
③ 左右交互に２回ずつします。

左右交互に
２回ずつ

そうっと

**みちお先生のワンポイント！**

・②のときに，バランスを崩さないように。

II 筋トレ（運動不足解消）

29

# ㉑ スゴ足ぶみ①

**強めの拍手と強めの足ぶみを同時にしましょう！**

**ねらいとききめ** 足腰強化 手の血行促進

**すすめかた**

① イスに腰掛けたまま，強めに足ぶみします。
② 胸の前で，強めに両手をたたきます。
③ この動作（①と②）を同時にします。8回を4セットします。

8回を
4セット

**みちお先生のワンポイント！**

・支援者は，ニッコリ笑って，どうぞ！

# ㉒ スゴ足ぶみ②

**胸を張って，ひざを高くあげて元気に足ぶみしましょう！**

**ねらいとききめ**　足腰強化　足裏刺激

**すすめかた**

① 　イスに腰掛けたまま，足ぶみをします。
② 　腕を前後に大きく振って，ひざを高く上げます。
③ 　8回を4セットします。一休みしながら，どうぞ！

8回を
4セット

**みちお先生のワンポイント！**

・無理をせずに，自分にできる範囲でしましょう！

# ㉓ スネのチカラ

**かかとを床につけたままで，つまさきを上に持ち上げましょう！**

**ねらい**と**ききめ**　（足腰強化）（足首の屈伸維持）

**すすめかた**

①　足を閉じて，両手をひざに置きます。
②　かかとをつけたままで，両足のつまさきを上げて下ろします。
③　4回繰り返します。一休みしながら，4セットどうぞ！

4回
繰り返す

**みちお先生のワンポイント！**

・余裕があれば，なるべくつまさきを高く持ち上げましょう！

# ㉔ ヌキ足サシ足シノビ足

忍者のごとく，足音を立てずに足ぶみしましょう！

**ねらいとききめ**　（足裏感覚維持）（足腰強化）

**すすめかた**

① 片足をそうっと持ち上げて，つまさきからそうっと下ろします。
② 左右交互に，8歩します。
③ 足音を立てないように，静か〜に，どうぞ！

左右交互に
8歩

そうっと

**みちお先生のワンポイント！**

・足裏の感覚に意識を集中しましょう！

33

# ㉕ バンザイでグーチョキ

**片手はグー，反対はチョキで，両腕を上に伸ばしましょう！**

**ねらいとききめ**　手先の器用さ維持　胸のストレッチ

**すすめかた**

① 胸を張って，両腕を上に伸ばします。
② 片手はグー，反対の手はチョキにします。
③ 両手を入れ替えながら，4回繰り返します。一休みしながら，どうぞ！

４回繰り返す

**みちお先生のワンポイント！**

・グーは軽く握って，チョキは人差し指と中指をピンと伸ばしましょう！

# ㉖ ひざからキック

ボールをキックするように，ひざから下を伸ばしましょう！

**ねらいとききめ** （ ももの筋力強化 ）（ バランス力維持 ）

**すすめかた**

① 足を肩幅にひらいて，胸を張ります。
② ひざから下を前に伸ばして，キックのマネをします。
③ 左右交互に４回ずつします。

左右交互に
４回ずつ

**みちお先生のワンポイント！**

・両手でイスを押さえると，バランスが安定します！

35

# ㉗ 遠くに押し出して

つまさきを持ち上げて，かかとを遠くへ押し出しましょう！

**ねらいとききめ**　ふくらはぎのストレッチ　脚の血行促進

**すすめかた**

① 片足を前に出します。
② なるべく，かかとを遠くへ押し出します。
③ 両足交互に2回ずつします。

左右交互に
2回ずつ

**みちお先生のワンポイント！**

・イスに浅く腰掛けて，両手でイスを押さえてしましょう！

# コラム②

# 手拍子は最高のしゃべらない体操

　介護現場でできるおススメの体操をひとつ，と言えば間違いなくこれ。

　手拍子！

**なぜなら，誰にでもかんたんにできます。**

**しかも，やりかたを少し変えれば，あきずに長続きできます。**

　たとえば。

① 　（手を）強めにたたく
② 　やさしくたたく
③ 　ゆっくりたたく
④ 　速くたたく
⑤ 　パンパンパンと３回ずつたたく
⑥ 　頭の上でたたく
⑦ 　足ぶみしながらたたく
⑧ 　短くたくさんたたく
⑨ 　一本締めする
⑩ 　全員で10回たたく（心の中でかぞえる）

これだけすれば，かなりいい運動になります。

なかでも，ボクが大スキなのは，「⑥　頭の上でたたく」です。

全員でこれをすると，アーティストのライブ状態。

大盛り上がりです。

**超かんたんで，超楽しくて，あきずに長続きして，大盛り上がり。**

**手拍子は最高のしゃべらない体操です！**

# ㉘ おててつないで

シニアと支援者いっしょに，手をつないで，腕を振るフリをしましょう！

**ねらいとききめ** （腕の血行促進）（腕振り感覚維持）

**すすめかた**

① 両手をグーにして，両腕を前後に軽く振ります。
② 支援者もシニアの横で同じ動作をします。
③ 8回を4セットします。

## 8回を4セット

**みちお先生のワンポイント！**

・支援者は，楽しく手をつないでいる感じで，どうぞ！

# ㉙ あっぷっぷ～

**にらめっこのように，ほっぺたを大きくふくらませましょう！**

**ねらいとききめ**　（顔の体操）（口腔機能維持）
こうくう

**すすめかた**

① 腕と肩の力を抜いてリラックスします。
② 口を閉じて，できる限りほっぺたをふくらませます。
③ ４回繰り返します。一休みしながらどうぞ！

## ４回繰り返す

**みちお先生のワンポイント！**

・にらめっこするつもりで，相手を笑わせちゃいましょう！

# ㉚ かかとでトン

**足をあげて，かかとからトンと落としましょう！**

**ねらいとききめ**　足裏刺激　脚の血行促進

**すすめかた**

① 足を肩幅にひらいて，両手をひざに置きます。
② 片足を少し持ち上げて，かかとを軽く打ちつけるようにトンと落とします。
③ 左右交互に４回繰り返します。

左右交互に
４回ずつ

**みちお先生のワンポイント！**

・あまり強く打ちつけないようにしましょう！

# ㉛ はいっ，チーズ！

人差し指をピンと伸ばして，ニッコリ笑いましょう！

**ねらいとききめ**　指のストレッチ　表情筋強化

**すすめかた**

① できる限り両手の人差し指を伸ばして，ほっぺたにつけます。
② 口を真横にひらいて，口角をあげます。
③ 自分の中で，一番の笑顔でどうぞ！

**みちお先生のワンポイント！**

・支援者は，オーバーアクションでしましょう！

# ㉜ はたきパタパタ

**はたきで掃除するように，手首をやわらかく動かしましょう！**

**ねらいとききめ** 手首の柔軟性維持

**すすめかた**

① 片手をグーにして，片腕を上に伸ばします。
② はたきで掃除をするように手首を動かします。
③ 8回繰り返します。左右交互に2セットずつどうぞ！

8回
繰り返す

左右交互に
2セットずつ

**みちお先生のワンポイント！**

・①のときに，指の力を抜いて，軽く握りましょう！

42

# 33 ファイティングポーズ

**ボクサーのように，胸の前で両手をグーにして構えましょう！**

**ねらいとききめ**　握力維持

## すすめかた

① 足を肩幅にひらいて，両手を胸の前でグーにします。
② あごを引いて，わきをしめて構えます。
③ ４回繰り返します。

## みちお先生のワンポイント！

・自分の中で一番いい顔をして，どうぞ！

# ㉞ 最高の横顔

顔を左右に動かして，首の筋肉をほぐしましょう！

**ねらいとききめ** （首のストレッチ）

**すすめかた**

① 背筋をピンと伸ばして，両手を腰に置きます。

② ゆっくりと顔を真横に向けて戻します。

③ 左右交互に2回ずつします。自分の中で一番いい顔をして，どうぞ！

**みちお先生のワンポイント！**

・ゆっくりとていねいに動作しましょう！

# ㉟ 胸張って横向いて

胸を横に向けて，上体をひねりましょう！

**ねらいとききめ**　　⟨血行促進⟩　⟨体側のストレッチ⟩

**すすめかた**

① 胸を張って，両手を腰に置きます。
② ゆっくりと胸を真横に向けて，深呼吸します。
③ 左右交互に２回ずつ，どうぞ！

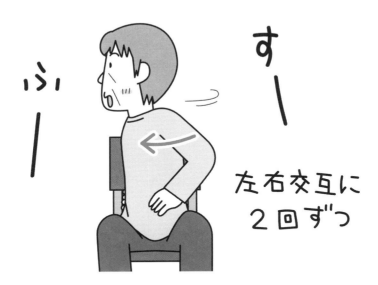

ふ　　　　　　　す

左右交互に
２回ずつ

**みちお先生のワンポイント！**

・②のときに，上体が前に倒れたり，背中が丸まらないように。

# ㊱ 肩トントン

**肩をたたいて，首回りをほぐしましょう！**

**ねらい**と**ききめ**　　肩の血行促進

**すすめかた**

① 腕と肩の力を抜いてリラックスします。
② 片手を軽く握って，肩をトントンと８回たたきます。
③ 左右交互に４セットずつ繰り返します。ニッコリ笑って，どうぞ！

左右交互に
４セットずつ

**みちお先生のワンポイント！**

・気持ちのよい力加減でたたきましょう！

# 37 耳まで届くかな

**頭のうしろから，片手で反対側の耳をさわりましょう！**

**ねらいとききめ**　肩の柔軟性維持

## すすめかた

① 腕と肩の力を抜いて，リラックスします。
② 右手で（頭の後ろを通過して），左の耳を軽くさわります。
③ 反対側も同様に，２回ずつします。

## みちお先生のワンポイント！

・できる範囲でするように。無理をしないようにしましょう！

# ㊳ ゴキゲンなポーズ

**両手の親指を伸ばして，かっこよくポーズを決めましょう！**

**ねらいとききめ**　指と腕のストレッチ　手先の器用さ維持

## すすめかた

① 両手を前に出して，グーにします。
② （両手の）親指をまっすぐにピンと伸ばします。
③ 自分の中で一番いい顔をして，どうぞ！

### みちお先生のワンポイント！

・支援者は，明るく元気にオーバーアクションでしましょう！

# ㊟ 絶好調のポーズ

**胸を張って，拳を高く振り上げましょう！**

**ねらいとききめ**　　握力維持　　腕のストレッチ

**すすめかた**

① 足を肩幅にひらいて，胸を張ります。
② 片手をグーにして，腕を上に伸ばします。
③ 左右交互に２回ずつします。明るく元気にどうぞ！

左右交互に
２回ずつ

**みちお先生のワンポイント！**

・自分の中で，一番いい顔をしてどうぞ！

# ㊵ 足裏トントン

**かかとをつけたまま，足裏でトントンしましょう！**

**ねらいとききめ**  足裏刺激  ふくらはぎのストレッチ

**すすめかた**

① 足を腰幅にひらいて，両手をひざに置きます。
② 床にかかとをつけたままで，片足のつまさきをあげておろします。
③ 左右交互に8回ずつします。一休みしながら，4セットどうぞ！

左右交互に
8回ずつ

**みちお先生のワンポイント！**

・足裏に意識を集中しましょう！

# ㊶ 天井にグーパンチ

**天井めがけて，パンチしましょう！**

**ねらいとききめ** 　( 体側のストレッチ )　( 握力維持 )

**すすめかた**

① 胸の前で，両手をグーにします。
② 真上にパンチするように，腕を上に伸ばします。
③ 左右交互に２回ずつします。

左右交互に２回ずつ

**みちお先生のワンポイント！**

・急がないように。ゆっくりとていねいに動作しましょう！

# ㊷ 頭・腰・ひざ・ポン！

**体のいろんな場所をタッチして，体をほぐしましょう！**

**ねらいとききめ**　( リズム体感 )　( 血行促進 )

**すすめかた**

① 足を肩幅にひらいて，胸を張ります。
② 頭，腰，ひざ，の順に両手でさわって，最後に拍手を１回します。
③ ４回繰り返します。ニッコリ笑って，どうぞ！

４回
繰り返す

**みちお先生のワンポイント！**

・はじめはゆっくりと。徐々にテンポアップしましょう！

# ㊸ 特大ホームラン

ホームランを打つように，バットを振るマネをしましょう！

**ねらいとききめ**　（ 体側のストレッチ ）（ 血行促進 ）

**すすめかた**

① 両手を合わせて，両手の指同士を組みます。
② 野球のバットを振るように，両手を右から左へスイングします。
③ 反対の動作（左から右へスイング）もします。交互に２回ずつ，どうぞ！

左右交互に２回ずつ

**みちお先生のワンポイント！**

・特大ホームランをかっとばすイメージでしましょう！

# ㊹ 両足拍手

つまさきをひらいて，両足を軽く打ちましょう！

**ねらいとききめ**　（股関節の柔軟性維持）（足の器用さ維持）

**すすめかた**

① 浅く腰掛けて，両手でイスを押さえます。
② 両足を閉じて，つまさきをひらきます。
③ 足同士を軽く打つようにして閉じます。４回繰り返します。

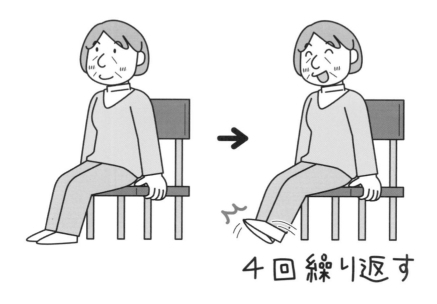

４回繰り返す

**みちお先生のワンポイント！**

・足は床につけたままで，オッケーです！

# ㊺ 鼻から深呼吸

深く呼吸をして，気分をスッキリしましょう！

**ねらいとききめ**  姿勢保持  血行促進

**すすめかた**

① 肩や腕の力を抜いてリラックスします。
② 鼻からス〜っと息を吸い込んで，口からフ〜っとはきだします。
③ ４回繰り返します。一休みしながら４セットどうぞ！

４回繰り返す

**みちお先生のワンポイント！**

・鼻から息を上に吸い上げる感じで，息を吸い込みましょう！

55

# ㊻ 弓道のポーズ

**弓を引くように，胸を張ってひじを後ろに引きましょう！**

**ねらい**と**ききめ**　 胸と体側のストレッチ 　血行促進

**すすめかた**

① 足を肩幅にひらいて，胸を張ります。
② 両手を軽くにぎって，片腕を前に伸ばして，反対のひじを後ろに引きます。
③ 反対側も同様にします。2回ずつどうぞ！

反対も同様に
2回ずつ

**みちお先生のワンポイント！**

・的を狙うように，正面を見ましょう！

# ㊼ 肩腕ダラ～ん

**息を吐いて，腕と肩の力を抜きましょう！**

**ねらい と ききめ**　（首，肩，腕の脱力）

**すすめかた**

① 　両腕を下に伸ばして，肩や腕の力を抜いてリラックスします。

② 　首の力を抜いて，頭をダラ～んと前に倒します。

③ 　一休みしながら４回繰り返します。

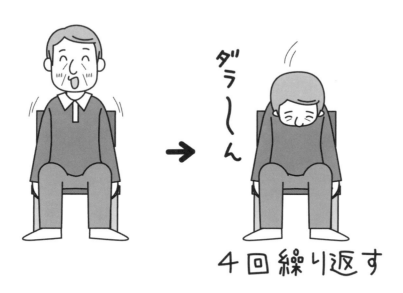

ダラ～ん

→

４回繰り返す

**みちお先生のワンポイント！**

・②のときに，「フ～」と息を吐きだすと，体の力がじょうずに抜けます！

# 48 はばたけ高く，はばたけ強く

**大空にはばたくように，両腕を上下に動かしましょう！**

**ねらいとききめ**  肩の柔軟性維持  背筋力維持

**すすめかた**

① 足を肩幅にひらいて，胸を張ります。

② 両腕を上に伸ばして，手のひらを外に向けます。

③ 両腕を横に伸ばして上下に動かします。一休みしながら，4回繰り返します。

4回繰り返す

**みちお先生のワンポイント！**

・ゆっくりとていねいに動作しましょう！

# ㊾ お顔ほぐして

ほっぺたを軽くたたいて，顔の筋肉を刺激しましょう！

**ねらいとききめ**　（顔の血行促進）

**すすめかた**

① ほっぺたをやさしくつつみこむように両手でさわります。
② 両手の手のひらで，ほっぺたを軽く10回たたきます。
③ 一休みしながら，4回繰り返します。

軽く10回
たたきます

**みちお先生のワンポイント！**

・気持ちのよい力加減でたたきましょう！

59

# ㊿ 背中で拍手

**腕を後ろに伸ばして，背中で両手をたたきましょう！**

**ねらいとききめ** （肩の柔軟性維持）（姿勢保持）

**すすめかた**

① 足を肩幅にひらいて，背筋をピンと伸ばします。
② 両手を後ろにして，腰のあたりでパチンと手をたたきます。
③ 一休みしながら4回繰り返します。

4回
繰り返す

パチン

**みちお先生のワンポイント！**

・むずかしいときは，両手で腰をたたいてもオッケーです！

# おわりに

## シニアの生きる力を引き出す

「みちお先生の体操だけは，中止しません」

令和２年４月。

ある介護施設の施設長から，ボクのところに電話がありました。
新型コロナ感染拡大の影響で，すべてのレクリエーション活動は中止です。
にもかかわらず，ボクの体操だけは中止せずに続けたいとのお話でした。

ただし，施設側から，こんな要望が出されました。

**「なるべく大きな声を出さないてほしい」**

**「それならば，一言もしゃべらずにやってみよう」**

ということではじまったのが，「しゃべらなくても楽しい体操」です。

あれから１年以上が過ぎた今，どうなったか？
施設長は，こう話してくれました。

「みちお先生のおかげで，利用者様のADL（日常生活動作）も大きく下がらずにすみました」

あのときの「体操だけは中止しない」という決断は，間違いではありませんでした。

また，こんなふうに言ってくれた現場スタッフもいました。

「毎回，みちお先生の体操を，楽しみにしてる人がたくさんいます。**楽しみがあるから，がんばろうって思えるんです！**」

確かに，そのとおりです！
明日，楽しいことがあれば，「今日も一日がんばろう」って思えます。

**そう考えると，「シニアの生きる力を引き出す」のが，ボクの仕事です。**

そして，この本には，「シニアの生きる力を引き出す」ヒントを詰め込みました。

この本が，介護の現場で，シニアと支援者の皆様のお役に立てば最高にうれしく思います。

　　令和３年７月
　　　　　　　　　ムーブメントクリエイター　斎藤道雄

### 著者紹介

#### ●斎藤道雄

体操講師，ムーヴメントクリエイター。

クオリティ・オブ・ライフ・ラボラトリー主宰。

自立から要介護シニアまでを対象とした体操支援のプロ・インストラクター。

体力，気力が低下しがちな要介護シニアにこそ，集団運動のプロ・インストラクターが必要と考え，運動の専門家を数多くの施設へ派遣。

「お年寄りのふだん見られない笑顔が見られて感動した」など，シニアご本人だけでなく，現場スタッフからも高い評価を得ている。

[お請けしている仕事]

○体操教師派遣（介護施設，幼稚園ほか）　○講演　○研修会　○人材育成　○執筆

[体操支援・おもな依頼先]

○養護老人ホーム長安寮

○有料老人ホーム敬老園（八千代台，東船橋，浜野）

○淑徳共生苑（特別養護老人ホーム，デイサービス）ほか

[講演・人材育成・おもな依頼先]

○世田谷区社会福祉事業団

○セントケア・ホールディングス（株）

○（株）オンアンドオン（リハビリ・デイたんぽぽ）ほか

[おもな著書]

○『しゃべらなくても楽しい！　シニアの超盛り上がるレク体操 50』

○『しゃべらなくても楽しい！　シニアの筋力アップ体操 50』

○『しゃべらなくても楽しい！　シニアの座ってできる健康体操 50』

○『しゃべらなくても楽しい！　1,2 分でできるやさしい特養体操 50』

○『しゃべらなくても楽しい！　シニアの心身機能アップ体操 50』

○『しゃべらなくても楽しい！　シニアの 1,2 分間認知症予防体操 50』

○『一人でもできるシニアのかんたん虚弱予防体操 50』

○『シニアの 1,2 分間運動不足解消体操 50』

○『シニアの爆笑あてっこ・まねっこジェスチャー体操』

○『新装版　要支援・要介護の人もいっしょに楽しめるゲーム＆体操』

○『新装版　虚弱なシニアでもできる楽しいアクティビティ 32』

○『少人数で盛り上がるシニアの 1,2 分体操＆ゲーム 50』（以上，黎明書房）

[お問い合わせ]

ホームページ「要介護高齢者のための体操講師派遣」: http://qollab.online/

ブログ「みちお先生のお笑い介護予防体操！」: http://qollab.seesaa.net/

メール： qollab.saitoh@gmail.com

＊イラスト・さややん。

しゃべらなくても楽しい！
シニアの運動不足解消＆ストレス発散体操 50

2021 年 11 月 1 日　初版発行

| | |
|---|---|
| 著　　者 | 斎　藤　道　雄 |
| 発行者 | 武　馬　久仁裕 |
| 印　　刷 | 藤原印刷株式会社 |
| 製　　本 | 協栄製本工業株式会社 |

発　行　所　　　株式会社　黎　明　書　房

〒460-0002　名古屋市中区丸の内 3-6-27　EBS ビル　☎ 052-962-3045

FAX 052-951-9065　振替・00880-1-59001

〒101-0047　東京連絡所・千代田区内神田 1-4-9　松苗ビル 4 階

☎ 03-3268-3470

## しゃべらなくても楽しい！　シニアの超盛り上がるレク体操 50

斎藤道雄著　　　　　　　B5・63 頁　　1700 円

シニアが最高に盛り上がる 50 のレク体操を紹介。「たたいちゃダメよ〜」など，支援者の身振り手振りをマネするだけでできる楽しい体操が盛りだくさん。シニアおひとりさまでも利用可能です。2 色刷。

## しゃべらなくても楽しい！　シニアの筋力アップ体操 50

斎藤道雄著　　　　　　　B5・63 頁　　1700 円

感染予防しながら楽しく筋トレ！　座ったまま，支援者の身振り手振りをマネするだけで，安心・安全に運動できます。「天使のはね」など，シニアの方お一人でもできる体操ばかりです。2 色刷。

## しゃべらなくても楽しい！　シニアの座ってできる健康体操 50

斎藤道雄著　　　　　　　B5・63 頁　　1700 円

感染予防対策と楽しさを両立した，「しゃべらないでする健康体操」50 種を紹介。「バンザイジャンケン体操」などの楽しい体操で，座ったまま，声を出さずに誰でも効果的に運動できます。2 色刷。

## しゃべらなくても楽しい！　1，2 分でできるやさしい特養体操 50

斎藤道雄著　　　　　　　B5・63 頁　　1700 円

「ひざ太鼓」「両ひざアップダウン」など，支援者のジェスチャーをマネするだけで出来る，特養でも楽しめる体操 50 種を紹介。座ったまま，誰でも簡単に出来るやさしい体操ブックです。2 色刷。

## しゃべらなくても楽しい！　シニアの心身機能アップ体操 50

斎藤道雄著　　　　　　　B5・63 頁　　1700 円

ウィズコロナ時代のシニアと支援者が安心して取り組める，「しゃべらないでする」体操を紹介。「ものまねお手玉」など，座ったまま身振り手振りで伝わる体操で，楽しく安全に運動できます。2 色刷。

## しゃべらなくても楽しい！　シニアの 1，2 分間認知症予防体操 50

斎藤道雄著　　　　　　　B5・63 頁　　1700 円

声を出さず，支援者の身振り手振りを真似するだけで出来る，ウィズコロナ時代の新しいスタイルの体操 50 種を収録。椅子に座ったまま，お一人でも楽しく運動できます。2 色刷。

## 一人でもできるシニアのかんたん虚弱予防体操 50

斎藤道雄著　　　　　　　B5・63 頁　　1700 円

「あべこべ腕回し」など，一人〜少人数で出来る，コロナ時代に対応した体操 50 種を紹介。体を動かすのが苦手な人も，椅子に座ったまま楽しく虚弱予防！　支援者のためのアドバイス付き。2 色刷。

## シニアの 1，2 分間運動不足解消体操 50

斎藤道雄著　　　　　　　B5・63 頁　　1650 円

椅子に腰かけたまま出来る，シニアの運動不足解消に役立つ体操 50 種を収録。「簡単。なのに，楽しい！」体操で，誰でも飽きずに運動できます。支援者のためのアドバイス付き。2 色刷。

## シニアの爆笑あてっこ・まねっこジェスチャー体操

斎藤道雄著　　　　　　　B5・63 頁　　1650 円

簡単，短時間，準備不要！　そんな，三拍子そろった，スタッフもシニアも笑顔になれるジェスチャー体操 50 種を公開。1 人で出来る体操から元気に体を動かす体操まで，様々な場面で活用できます。2 色刷。

---

表示価格は本体価格です。別途消費税がかかります。

■ホームページでは，新刊案内など，小社刊行物の詳細な情報を提供しております。「総合目録」もダウンロードできます。
http://www.reimei-shobo.com/